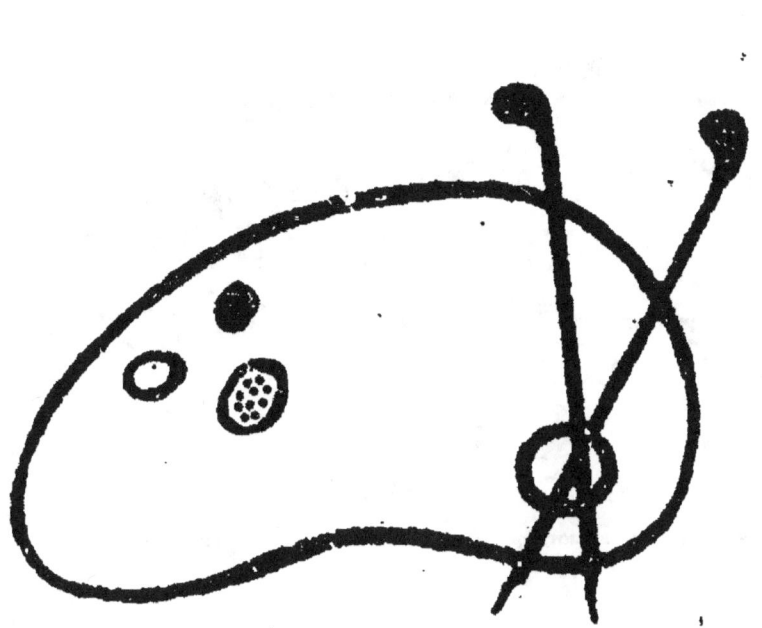

Début d'une série de documents
en couleur

LE MAUSOLÉE

DU CARDINAL DE LAGRANGE

A AVIGNON

(FIN DU XIVᵉ, COMMENCEMENT DU XVᵉ SIÈCLE)

PAR

EUGÈNE MÜNTZ

CONSERVATEUR DE LA BIBLIOTHÈQUE ET DU MUSÉE DE L'ÉCOLE DES BEAUX-ARTS

EXTRAIT DE LA REVUE *l'Ami des Monuments et des Arts*.

PARIS

AUX BUREAUX DE LA REVUE *L'AMI DES MONUMENTS ET DES ARTS*

98, RUE DE MIROMESNIL, 98

1890

21385. — PARIS, IMPRIMERIE LAHURE
9, rue de fleurus, 9

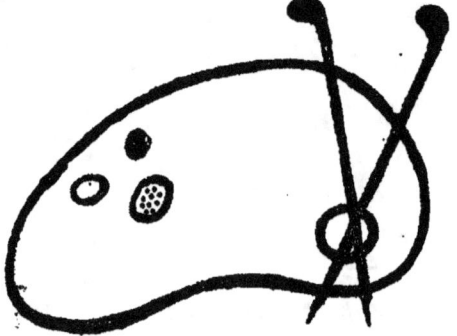

Fin d'une série de documents en couleur

LE MAUSOLÉE

DU CARDINAL DE LAGRANGE

A AVIGNON

LE MAUSOLÉE

DU CARDINAL DE LAGRANGE

A AVIGNON

(FIN DU XIVᵉ, COMMENCEMENT DU XVᵉ SIÈCLE)

PAR

EUGÈNE MÜNTZ

CONSERVATEUR DE LA BIBLIOTHÈQUE ET DU MUSÉE DE L'ÉCOLE DES BEAUX-ARTS

Extrait de la revue *l'Ami des Monuments et des Arts.*

PARIS

AUX BUREAUX DE LA REVUE *L'AMI DES MONUMENTS ET DES ARTS*

98, RUE DE MIROMESNIL, 98

1890

LE MAUSOLÉE DU CARDINAL DE LAGRANGE

A AVIGNON

(FIN DU XIVe, COMMENCEMENT DU XVe SIÈCLE)

PAR

EUGÈNE MÜNTZ

Conservateur de la bibliothèque et du musée de l'École des Beaux-Arts

Parmi les visiteurs du musée Calvet, à Avignon, il n'en est guère qui ne se soit arrêté avec autant d'admiration que d'horreur devant un bas-relief en marbre, représentant un homme mort, dont la peau s'est desséchée, racornie, et qui forme comme la transition d'un cadavre à un squelette. Le *Transi*, c'est ainsi que le peuple appelle cette figure étrange, qui est à la fois un exemple mémorable d'humilité chrétienne et un chef-d'œuvre de l'art. Ce vocable, ai-je besoin de l'ajouter, est ici employé dans son sens latin : il désigne non celui qui a froid ou qui a peur, mais le trépassé, « transitus »[2].

L'histoire des monuments d'Avignon a été tellement négligée jusqu'à ces derniers temps, que c'est à moi, à un étranger, je devrais dire à un barbare, car nous sommes en pays de souvenirs classiques, qu'incombe la mission d'esquisser l'origine et les vicissitudes de ce bas-relief fameux, ainsi que du groupe de statues qui lui font cortège[3]. Je procéderai à cette tâche, sinon avec l'espérance d'obtenir les suffrages de certains archéologues du comtat Venaissin, peu disposés à la bienveillance, du moins avec la certitude d'apporter une moisson d'informations absolument inédites et nouvelles.

---

1. Voy. *l'Ami des Monuments*, année 1887, mars et octobre.
2. Ducange : « Transitus, = mors, obitus. »
3. M. Courajod, le savant historien de notre sculpture nationale du moyen âge, n'a pas manqué de reconnaître tout l'intérêt de ces statues : c'est à lui que je suis redevable de la communication de deux des photographies qui sont reproduites sur les planches jointes à mon travail. M. Courajod a communiqué ses observations à la Société des Antiquaires de France en 1887 et en 1888 (*Bulletin*, 1887, p. 260, 1888, p. 167).

Le mausolée du cardinal Jean de Lagrange, tel est le monument dont proviennent le « Transi » ainsi que les statues qui l'environnent; le fait a été consigné, du moins pour la plupart de ces statues, dans l'inventaire manuscrit du musée Calvet, inventaire qui m'a été obligeamment communiqué par le savant et courtois conservateur du musée, M. Deloye.

Quelques mots d'abord sur le prélat magnifique qui, malgré ses déclarations d'humilité, a pris un soin si jaloux d'assurer à sa mémoire l'immortalité au moyen de mausolées ou de cénotaphes d'une richesse rare. Jean de Lagrange était originaire du Beaujolais; entré dans l'ordre de Saint-Benoît, il se distingua par ses progrès dans le droit : le pape Innocent VI, après l'avoir nommé abbé de Fécamp, l'employa à diverses ambassades, notamment en Espagne. Mais sa faveur date surtout de l'avènement du roi Charles V, qui en fit son ministre d'État et son surintendant des finances, et qui récompensa ses services en lui procurant l'évêché d'Amiens et le chapeau de cardinal (20 décembre 1375). Lagrange semble avoir abusé de sa situation pour s'enrichir aux dépens des contribuables. Aussi le roi Charles VI, à peine monté sur le trône, le disgracia-t-il[1]. Le cardinal se retira alors à Avignon, auprès du pape Clément VII, puis de Benoît XIII, et mourut dans cette ville le 24 avril 1402, après avoir dicté, peu de jours avant sa mort, le 12 avril, un testament dont il importe de reproduire les passages les plus caractéristiques[2].

Lagrange eut une idée horrible, et qui montre ce qu'il y avait à la fois d'humilité et d'orgueil, de mysticisme et de réalisme, dans les esprits du temps : il donna l'ordre de désosser, c'est le terme technique, son cadavre et de garder le squelette à Avignon, tandis que les parties charnues seraient envoyées à Amiens, opération répugnante entre toutes et qui ferait reculer de dégoût plus d'un médecin légiste de notre temps, mais qui prouve quel cas le fastueux prélat faisait de sa dépouille mortelle, de ces restes périssables. Il se

---

[1]. Le fait est contesté par Duchesne (*Histoire de tous les Cardinaux françois de naissance*, p. 648. Paris, 1666), qui prouve que le cardinal se trouvait à Avignon dès 1376, c'est-à-dire plusieurs années avant la mort de Charles V.

[2]. Ce testament a été publié dans l'édition de l'*Histoire de Charles VI*, de Juvénal des Ursins, donnée par Godefroy (Paris, 1653), et réimprimé dans les preuves de l'*Histoire de tous les Cardinaux françois de naissance*, de Duchesne, p. 467-477, 620-621.

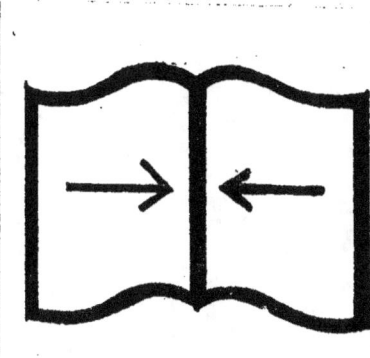

RELIURE SERREE
Absence de marges
intérieures

CHANGEMENT DE RAPPORT
Rpt 20
au lieu de
Rpt 18

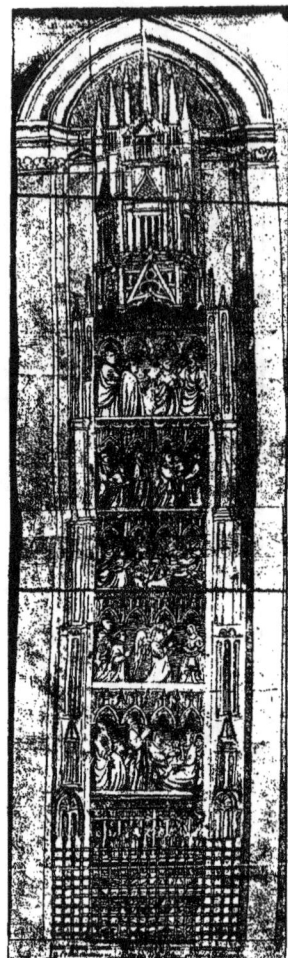

Le tombeau du cardinal de Lagrange.
Photogravure d'un dessin inédit de la Bibliothèque Barberini, à Rome.

CHANGEMENT DE RAPPORT

Rpt 18

au lieu de

Rpt 20

serait agi de reliques sacro-saintes qu'il n'aurait pas pu y attacher plus de prix[1].

Le testament parle de deux mausolées, l'un commandé à Paris quelques années auparavant et érigé dans la cathédrale d'Amiens, l'autre en voie de construction, à ce qu'il semble, au moment de la rédaction du testament.

Au sujet du mausolée d'Amiens, je me bornerai à reproduire les renseignements que m'a obligeamment communiqués M. Durand, archiviste de la Somme : « Ce tombeau, détruit en 1751, est décrit d'une façon plus ou moins complète dans presque tous les ouvrages sur Amiens, principalement dans Lamorlière, *Les Antiquités, histoires et choses plus remarquables de la ville d'Amiens* (Paris, 1642, t. I, p. 218). Il en reste quelques débris, notamment la statue du prélat en marbre blanc, placée aujourd'hui sous le tombeau du chanoine Guillain Lucas, derrière le maître-autel de la cathédrale, à la place du tombeau de l'évêque Arnoult. En 1855, en démolissant l'ancienne sacristie, on a retrouvé la dalle sur laquelle ladite statue était couchée. C'est une grande lame de pierre de 2 m. 55 de long sur 1 m. 25 de large, biseautée dans tout son pourtour; sur lequel biseau est gravée une épitaphe en minuscules gothiques, publiée par Lamorlière et d'autres auteurs. La voici telle que je l'ai copiée sur le monument lui-même : *Hic jacet Reverendissimus in Xpo pater dns,*

---

[1]. « *Eligo sepulturam meam in ecclesia cathedrali Ambian a parte sinistra majoris altaris... et ordino quod ibidem ponatur, assideatur et collocetur sepultura quam ego feci fieri Parisiis diu est, et quæ jam sunt plures anni fuit portata Ambian....*

Volo... quod si contingat me decedere in Avinion. vel prope per unam dietam, quod corpus meum integrum portetur, etc., deponatur in ecclesia Collegii S. Martialis Aventonensis, et in eodem fiant exequiæ solemnes,... et factis exequiis dividatur sive paretur corpus meum, juxta concessionem apostolicam super hoc mihi factam et ossa portentur Ambian, secrete... residuum vero corporis remaneat in dicta ecclesia collegii Sancti Martialis, in sepultura per me ibidem ordinata, cum repræsentatione aliquorum festorum B. Mariæ. »

Item, volo et ordino quod Capella capitis hujusmodi, nec non sepultura quam ibi ædificari et construi feci, tam de opere lapideo quam vitreo, de bonis executionis meæ, si ante obitum meum non fuerunt adimpleta, bene et decenter compleantur, et quod altare dictæ capellæ muniatur semel bene et honeste paramentis, mappis, calice, patena, duabus buretis pro vino et aqua, et duobus candelabris argenteis ponderis duodecim marcharum, et quod super dictum Altare ponatur una imago Beatæ Mariæ solemnis et notabilis de alabastro. »

dns Johannes de Grangia dudum abbas [fisc] anensen. deinde Eps Ambianen. postremo vero Ste Romane Ecclie Cardinalis Eps Tusculan. qui obiit anno Dni milimo cccc^{mo} scdo, die xxiiii mensis Aprilis. Orate Deum pro eo ut reqiescat (sic) in paradiso. » Les deux parties de l'inscription sont sur chacun des deux grands côtés de la dalle. Celle-ci, brisée en deux morceaux, est aujourd'hui dans le jardin de l'évêché d'Amiens. »

Venons-en au mausolée d'Avignon. Le cardinal, on l'a vu, parle de la chapelle et de la sépulture qu'il a fait construire « tam de opere lapideo quam vitreo »; il ajoute que, dans le cas où ces ouvrages ne seraient pas terminés au moment de son décès, ils devront l'être convenablement. L'ouvrage, commencé avant le 12 avril 1402, n'était donc pas encore complètement achevé à cette époque.

Malgré sa richesse, qui laissait loin derrière elle les tombeaux des papes, le mausolée d'Avignon tomba bientôt dans l'oubli. Frizon le passa sous silence[1], et son exemple fut suivi par les éditeurs de l'ouvrage de Ciacconio[2], qui allèrent jusqu'à affirmer que le cardinal était mort à Amiens, non à Avignon.

Quant aux historiens du comtat Venaissin, ils se sont bornés à des descriptions plus ou moins sommaires. Le chanoine Deveras, qui a encore vu le monument intact, s'exprime comme suit dans son recueil manuscrit : « Saint-Martial : tout proche le grand autel, on voit le mausolée de Mgr Jean de la Grange, cardinal et évêque d'Amiens, qui est un des plus beaux de toute la chrétienté ; au bas dudit mausolée est un squelette avec ces paroles en ancien gothique : *Spectaculum facti sumus mundo ut majores et minores in nobis clare videant*[3] *ad quem statum redigentur, neminem excludendo*[4], *cujusvis status sexus vel ætatis. Ergo miser cur superbis, nam cinis es et in cadaver fetidum, cibum et escam vermium ac cinerem, sic et nos, reverteris.* Ensuite, sur un petit morceau de bois contre la muraille dudit mausolée, on lit cette épitaphe : *Hic jacet Reverendissimus in Xpo pater dns Joannes de Grangia abbas Fiscanensis, deinde epcus Ambianensis, postremo vero S. R. T. cardinalis Tusculanus, qui obiit anno Domini 1402, die 24 mensis Aprilis. Orate Deum pro eo ut requiescat in pace in paradiso*[5]. »

1. *Gallia purpurata*; Paris, 1638, p. 406-408.
2. *Vitæ et Res gestæ Pontificum romanorum*; édit. de 1677, t. II, p. 609-610.
3. La leçon véritable est « perpendant ».
4. Lisez « excipiendo ».
5. Bibliothèque d'Avignon; fol. 79.

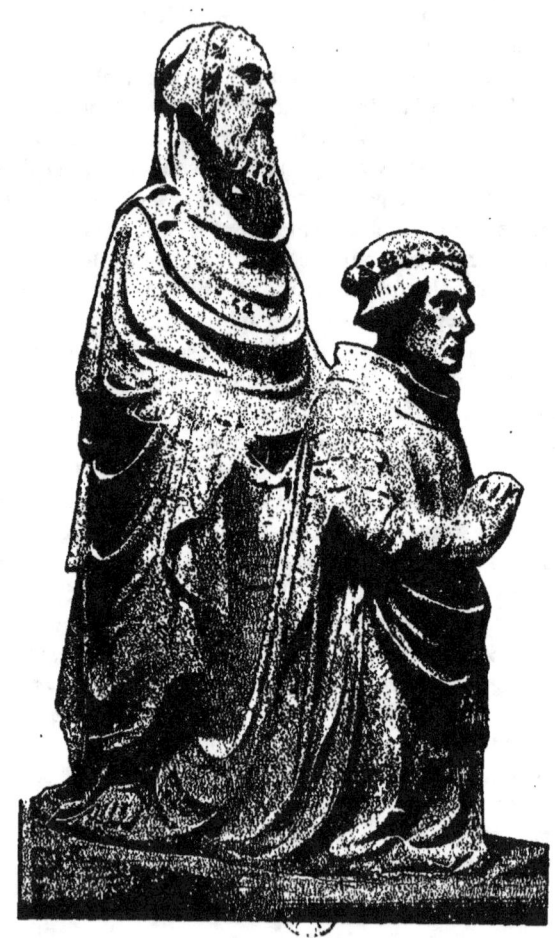

Le tombeau du cardinal de Lagrange, photogravure inédite d'un fragment conservé au Musée d'Avignon.

Fransoy, l'auteur d'un autre manuscrit de la bibliothèque d'Avignon, nous donne à son tour ces détails : « Église Saint-Martial. On voyait dans l'église Saint-Martial plusieurs mausolées dont l'un était admiré et admirable par la singularité de sa structure et la multiplicité de ses ornements en figures et sculptures : je parle de ce tombeau nommé par le peuple le *Transi*, en ce qu'il présentait une figure excessivement maigre. Ce tombeau avait été dressé à l'honneur du cardinal de La Grange [1]. Ce tombeau fut détruit sans égard pour la beauté de son travail, les diverses statues qui le décoraient furent mutilées. Certains en conservèrent quelques-unes et les ont vendues à Marseille à grand prix, d'autres furent éparpillées çà et là [2] ».

Joudou enfin nous apprend que « lors de la destruction des églises, une partie du monument fut sauvée par la précaution que l'on eut de l'ensevelir dans la terre, en exhaussant le pavé. En 1829, ajoute Joudou, on s'occupa d'exhumer ces précieux débris de l'art chrétien. Le bloc auquel se trouve attaché le *Transi* (statue ainsi désignée par le peuple) fut retiré et déposé au Musée. La pose, les détails anatomiques, le torse, sont d'une perfection admirable [3]. »

Mais ces auteurs omettent de nous parler de l'ordonnance même du monument, et nous aurions certainement été réduits à ignorer à tout jamais ce point essentiel, si je n'avais eu la bonne fortune de découvrir à Rome, dans la bibliothèque Barberini, parmi les papiers des Suarès, un dessin du XVII siècle reproduisant, quoique très grossièrement, la structure du mausolée, avec l'indication des principales statues qui l'ornaient.

Le dessin de la bibliothèque Barberini nous révèle la disposition, jusqu'ici inconnue, de ce monument fastueux entre tous ceux de la fastueuse Avignon.

Dans cet essai de description, je ne saurais mieux faire que de suivre l'ordre même qu'indique la légende tracée sur le dessin de la bibliothèque Barberini, et de reproduire chaque fois en tête le texte de cette légende. Je passerai donc successivement en revue les différents étages en commençant par le bas.

Le mausolée, encastré dans une arcade gothique et protégé dans le

---

1. L'auteur avait d'abord écrit: « de Guillaume Roger de Beaufort, vicomte de Turenne, père du pape Grégoire XI et parent de Clément VI ».
2. Tome I, fol. 99. L'ouvrage de Fransoy a été rédigé en 1818.
3. *Essai sur l'Histoire de la ville d'Avignon*; Avignon, 1855, p. 411.

partie inférieure par une grille, dont les barreaux arrivaient jusque vers le milieu des statuettes du Christ et des apôtres, comprenait huit rangées de figures en ronde-bosse ou en bas-relief, sans compter les ornements qui l'encadraient, et parmi lesquels il faut signaler un baldaquin des plus riches, qui n'avait rien à envier à ceux des tombeaux des papes Jean XXII et Innocent VI.

Une inscription tracée au-dessous du monument nous apprend qu'il mesurait en largeur « 2° canes (sic) contenant 16 pans de la mesure ordinaire d'Avignon ».

A. *Cadaveris humani macie confecti insigne simulachrum*. (C'est le « Transi ».) — La tête, quoique mutilée (le bas du visage a disparu), se distingue encore par la netteté de la caractéristique : des cheveux ébouriffés, des orbites profondément creusées, la pomme d'Adam excessivement saillante. Quant au corps, c'est un cadavre, un cadavre décharné, non un squelette; on peut compter, il est vrai, les vertèbres, au nombre de huit ou de neuf, mais elles ne sont pas à jour. La facture est serrée, nerveuse, sans aucune trace d'archaïsme. La draperie n'est pas traitée avec moins de liberté et de décision; on dirait l'œuvre d'un sculpteur du XVII° siècle, non du XV° siècle. Ce morceau hors ligne ne provient évidemment pas de la même main que les autres figures du mausolée; par son réalisme et par sa verve il rappelle les traditions de l'École de Dijon et de son immortel fondateur Claux Sluter (mort deux ans après le cardinal).

Voici, au reste, comment MM. les docteurs Charcot et Richer, à qui j'ai communiqué la photographie du « Transi », l'ont apprécié, en se plaçant au point de vue anatomique[1] : « Ce morceau de sculpture vraiment remarquable nous montre le cadavre du cardinal, nu, étendu sur son linceul dont les plis sont ramenés sur l'une des cuisses. La mort est ancienne, et l'artiste a représenté avec beaucoup de vérité et une science anatomique indiscutable cette variété de putréfaction sèche dont nous parlions tout à l'heure. La face a subi de trop graves mutilations pour qu'il soit possible d'en parler; on distingue parfaitement néanmoins la rétraction des tissus de l'œil au fond de l'orbite proéminent. — Les muscles de tout le corps sont réduits de volume, et, suivant les régions, s'appliquent sur le squelette ou forment des cordes saillantes. Le squelette se dessine sous la peau parcheminée avec une grande précision anatomique. — Nous signalerons comme particulièrement bien observés les reliefs de la cage thora-

---

1. *Les Difformes et les Malades dans l'Art*, p. 135. Paris, 1889.

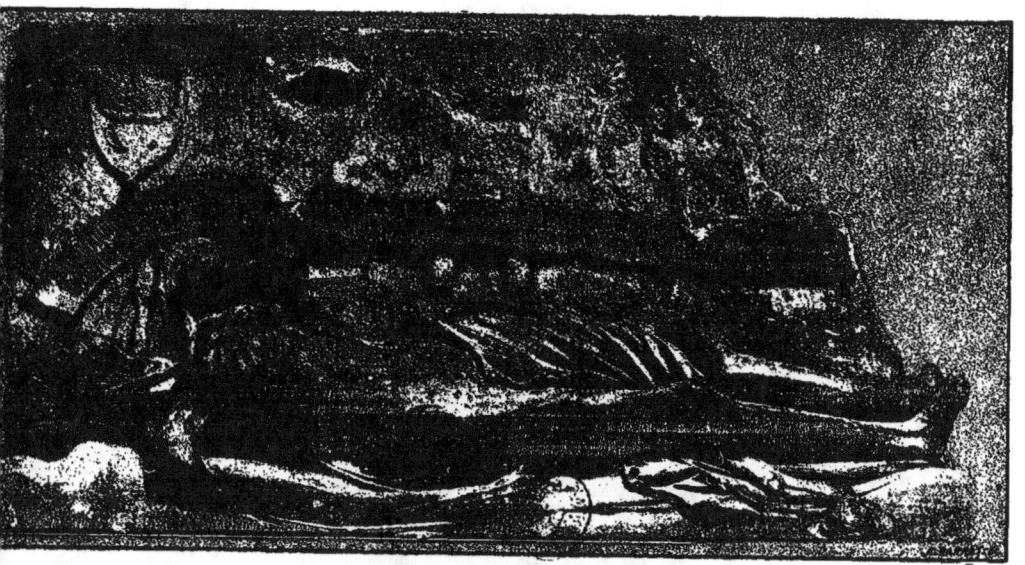

Le « Transi » Fragment du tombeau du cardinal de Lagrange (Musée d'Avignon)
D'après une photographie inédite.

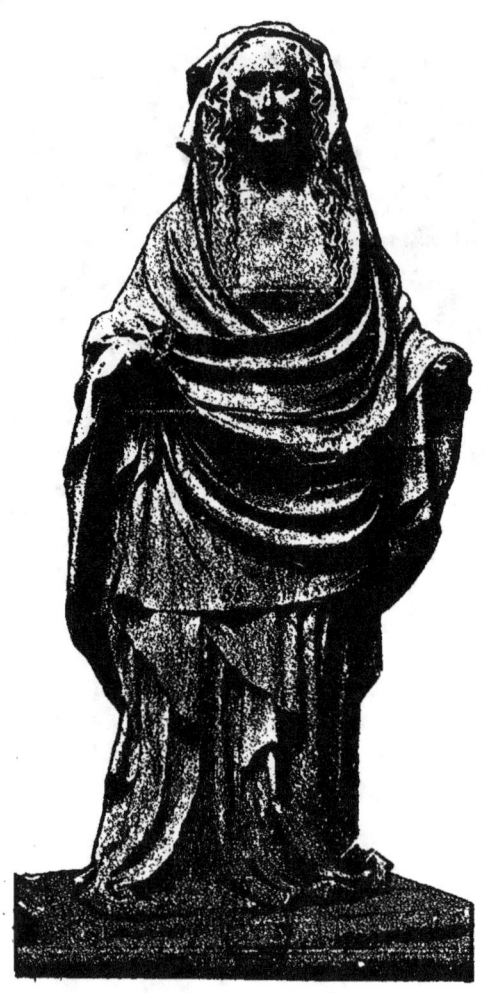

Le tombeau du cardinal de Lagrange.
Photogravure inédite d'une des statues conservées au Musée d'Avignon.

cique, la rétraction de l'abdomen, les saillies des os costaux, des rotules, des tibias, etc. »

B. *Epitaphium* : « *Spectaculum facti sumus mundo ut majores et minores.* » — (Cette inscription, en caractères gothiques, a été rapportée ci-dessus.) Au-dessus de l'inscription, quatre écussons martelés.

C. *Cardinalis Ambiani marmorea effigies.* — La statue du cardinal couché. De cette statue il ne reste aujourd'hui qu'un tronçon informe, sur lequel on a posé tant bien que mal une tête mutilée (N° 52), à l'exception des yeux et d'une sorte de mitre. L'inventaire du musée Calvet la décrit comme suit : « N° 52. Torse d'albâtre de la statue du cardinal Jean de Lagrange, qui était sur son tombeau dans l'église des Bénédictins à Avignon. Il est revêtu de ses habits sacerdotaux... Sur l'ornement qui couvre sa poitrine et qui descend jusqu'à ses pieds, on remarque un Christ et quatre saintes femmes; plus bas sont figurés les apôtres rangés deux à deux dans des niches d'architecture gothique; au bas du collet règne un rang de bustes représentant des religieux, orné d'un double rang de perles. Ce torse fut trouvé en 1839 dans un mur de la susdite église; on s'en était servi comme pierre moellon avec d'autres fragments de la même statue. — H. 0,83. Donné par la Commune en 1839. »

D. *Principum defunctorum capita diversimode elaborata.* — On distingue sur le dessin une demi-douzaine de bustes.

E. *Christi et Apostolorum marmoreæ imagines, mira prorsus varietate distinctæ.* — Sous les niches, les statuettes du Christ et des douze apôtres, debout, portant chacun ses attributs.

F. *Deiparæ Nativitas ad quod misterium adorandum procumbit Eminentissimus Cardinalis.* — A gauche, le cardinal agenouillé, présenté par un saint; plus loin, un autre personnage debout, les mains jointes. A droite, la Vierge assise tenant sur ses genoux l'Enfant; à côté d'elle, deux femmes.

G. *Annunciatio dominica et ibi Comes adorat.* — A gauche, un saint debout, devant lui un comte agenouillé. A droite, l'ange Gabriel s'avançant, une banderole à la main, vers la Vierge qui se tient debout, les mains étendues.

Mieux partagés que la composition précédente, ces deux groupes nous sont conservés, du moins en partie. Voici leur description, d'après l'inventaire du musée Calvet: « N° 54. Groupe de deux personnages, dont l'un est à genoux, les mains jointes, la tête ceinte d'un bandeau à diadème; l'autre debout derrière lui, la tête couverte d'une partie de son manteau. Provient du tombeau du cardinal de Lagrange. Acquis en 1842. — La Madeleine debout, enveloppée d'un grand voile qui lui couvre la tête. Statue d'albâtre. Même provenance. H. 1ᵐ,30. » — Disons, avant d'aller plus loin, que cette Madeleine est la Vierge de l'Annonciation. — Le saint qui présente le comte agenouillé est beaucoup trop trapu : quoi qu'il soit debout, l'extrémité de sa barbe arrive presque au niveau de la tête de son compagnon agenouillé devant lui. Ce groupe témoigne d'ailleurs d'une certaine facilité, qui n'est pas exempte de banalité. Dans la Vierge debout, le visage a quelque chose de lourd et d'impersonnel : on remarquera surtout ses yeux clignotants et ses cheveux épars. Par contre, les draperies montrent toute l'habileté et toute la souplesse propres aux héritiers de nos grands statuaires du moyen âge.

H. *Nativitas Christi et ibi Dux.* — A gauche, saint Pierre, faisant face au spectateur ; près de lui un duc agenouillé. Plus loin, dans les airs, l'ange annonçant la bonne nouvelle ; à droite, saint Joseph, la Vierge couchée, avec l'Enfant sur ses genoux ; au premier plan, le bœuf et l'âne. — Le groupe de gauche seul a survécu ; il porte le n° 63 dans l'inventaire du musée Calvet. C'est une page des plus remarquables, avec des figures expressives, des draperies amples et mouvementées.

I. *Præsentatio Christi et ibi Rex.* — A gauche, un personnage debout, nu-tête, présente le roi agenouillé ; plus loin, une femme debout ; à droite, la Vierge debout, tenant l'enfant Jésus, puis le grand prêtre qui s'avance vers elle.

J. *Assumptio et Coronatio Deiparæ, et ibi Summus Pontifex adorat.* — A gauche, un personnage debout, les mains croisées sur la poitrine ; devant lui, le pape agenouillé, nu-tête, se montrant de profil ; à droite, la Vierge, les mains jointes, et le Christ. Cette dernière statue, dont le dessin est véritablement informe, à tel point que l'on ne distingue pas bien si le personnage est debout ou assis, paraît identique à celle qui est décrite comme suit dans l'inventaire du musée Calvet : « N° 53. Statue d'albâtre, représentant Jésus-Christ, assis, la main droite levée ; la gauche manque ainsi qu'une partie de la couronne ; il décorait le tombeau du cardinal de la Grange, aux Bénédictins. H. 1 mètre. Acquis en 1842. » — La statue du Christ se distingue par son type juvénile, sa barbe courte et ses cheveux ondulés, son style libre et fier. La tunique, aux plis amples et faciles, est nouée à la ceinture et ramenée fort habilement sur les genoux ; un manteau, retenu par une broche à la hauteur du cou, flotte sur les

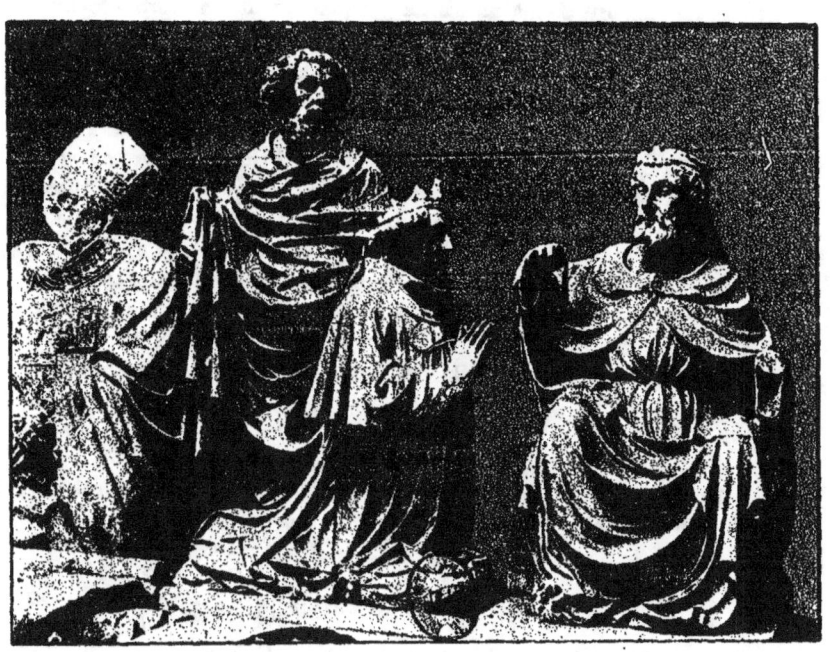

Le tombeau du cardinal de Lagrange, photogravure inédite d'un fragment conservé au Musée d'Avignon.

épaules : nous sommes tout à fait encore dans les données du xiv° siècle.

En commandant la statue du *Transi*, le cardinal de Lagrange obéissait aux suggestions d'un réalisme qui devait trouver après lui de nombreux champions dans notre pays. Sans prétendre dresser ici l'inventaire des nombreuses sculptures ou peintures auxquelles cette tradition funèbre donna naissance jusqu'en plein xvi° siècle, je me bornerai à rappeler le cadavre de la *Maîtresse du roi René*, offert par ce prince au couvent des Célestins d'Avignon, et le *Roi mort*, qui ornait le tombeau du même prince à Angers [1], puis les cadavres des rois et des reines de France à Saint-Denis (tombeaux de Louis XII et d'Anne de Bretagne, par Jehan Juste, etc.), le cadavre de Dreux-Brézé, à la cathédrale de Rouen, le squelette de l'église de Gisors, attribué à Jean Goujon, le *Gisant* de l'église de Laon, la statue de la *Mort*, par Ligier-Richier, dans l'église Saint-Pierre, à Bar-le-Duc [2]. Mais aucun de ces monuments, je ne crains pas de l'affirmer, n'approche du mélange de gloriole et d'humilité, des raffinements morbides, dont le cardinal de Lagrange a laissé le premier peut-être l'extraordinaire témoignage dans le mausolée d'Avignon.

1. Giry, *Notes sur l'Influence artistique du roi René*; Paris, 1875.
2. Publiée par M. Cournault, dans *les Artistes célèbres : Ligier Richier*, p. 21. Paris, librairie de l'Art, 1887.

21383. — PARIS, IMPRIMERIE LAHURE
9, rue de Fleurus, 9

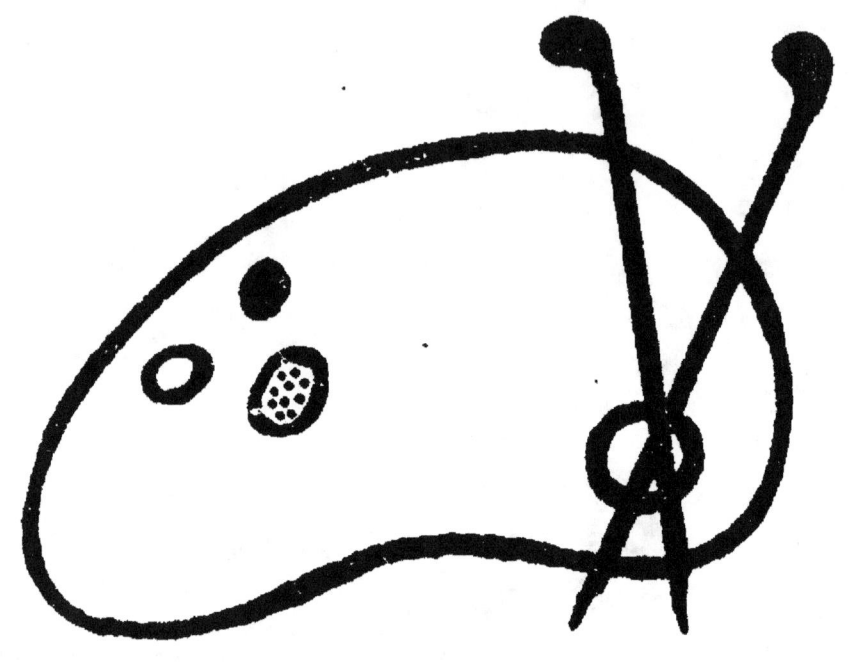

Original en couleur

NF Z 43-120-8

www.ingramcontent.com/pod-product-compliance
Lightning Source LLC
Chambersburg PA
CBHW050039230526
45470CB00003B/1348